AF331169

'IMPOT FACULTATIF

PAR

Alexis GERVAIS

ÉCONOMISTE

PARIS

CHEZ L'AUTEUR,

97, RUE DE RICHELIEU, 97

—

1876

L'IMPOT FACULTATIF

PAR

 **Alexis GERVAIS**

ÉCONOMISTE

PARIS

CHEZ L'AUTEUR,

97, RUE DE RICHELIEU, 97

1876

L'IMPOT FACULTATIF

AVANT-PROPOS

Nous n'avons pas la prétention de faire réformer maintenant des idées admises depuis bien longtemps en matière d'impôts, car nous comprenons qu'un système comme celui que nous présentons au public, mais plus particulièrement aux hommes compétents, demanderait plusieurs années d'étude avant d'être adopté, si toutefois il était susceptible de l'être.

Ce que nous demandons aujourd'hui à ceux qni nous liront, c'est de ne point préjuger du titre d'*Impôt facultatif* que nous avons adopté pour cet opuscule, différemment, et en se basant sur le titre même, le sceptique dirait aussitôt qu'il en aurait pris connaissance, « du moment où la *faculté* fait la base du système, elle sera toujours appliquée dans le sens de l'abstention ; par conséquent, le système est faux ».

Allant au-devant de cette objection, nous invoquons plus ou moins justement la *faculté* de souscrire aux emprunts d'Etat ; car, nous ne croyons pas, et personne ne croit non plus que l'homme vient là apporter son argent par patriotisme. Non, l'argent se place sur une affaire ; il n'y a que le sang qui se donne, *ce qui est assez*, ce qui est même trop. Aussi, les gouvernants le savent si bien, que l'argent est vendu ; qu'ils ont soin de ménager un appât sous la forme d'un bénéfice quelconque ; alors, le crédit d'un Etat aidant, l'argent arrive à flots, parce que le seul point où les hommes savent être d'accord, est celui de leurs intérêts individuels.

Dans l'ordre économique, quand on veut innover, il faut d'abord s'appuyer sur les besoins de la société en général, et ensuite sur les intérêts particuliers, mais c'est le service bien compris des intérêts particuliers qui, toujours, fait aboutir le service des intérêts généraux que les hommes comprennent beaucoup moins vite que celui qui leur est propre ; du reste, ceci fait partie de la tâche qui incombe aux gouvernants ; ils savent bien cette vérité vulgaire : « *l'on n'attire pas les mouches avec du vinaigre* ».

Pourtant, où les gouvernants semblent avoir oublié la vérité de cet adage, qu'il faut du miel pour attirer les mouches, c'est en ce qui concerne les impôts ; et si, en politique, ils se croient souvent obligés à dorer ou à enfariner la *pilule*, ils sont toujours cassants sur la question des impôts, pourquoi ? mais tout simplement parce qu'il faut qu'un Etat vive, et qu'ils savent bien que la force, au besoin, viendrait appuyer leurs raisons, de sorte qu'ils ont la faculté de ce côté, de faire de la politique *franche*, et qu'ils en usent comme chacun sait.

Ce sont ces réflexions, et bien d'autres encore, qui nous ont amené à nous poser ce dilemme : « *Est-il intelligent, parce que l'on dispose de la force, de demander sèchement, brutalement, de l'argent aux membres libres d'une nation civilisée, et cela sans compensation d'aucune sorte ?* » En agissant comme on le fait, au mépris d'une civilisation bien comprise, n'est-on pas impolitique au premier chef ? Enfin, n'érige-t-on pas l'injustice en lois, en ce qui concerne le pauvre, auquel on arrache, par voie d'impôts indirects, quelques sous, quand il manque déjà du plus strict nécessaire pour lui, et trop souvent pour d'innocentes créatures qui dépendent de lui ? Poser ces questions, c'est les résoudre. Que de fois nous avons fait ce rapprochement atroce, si on en pouvait prouver la vérité conforme, que les sous arrachés aux plus pauvres chez nous servent peut-être précisément à payer des subventions de Théâtres dont ces malheureux ne soupçonnent même pas l'existence. Une mère est privée d'un sou qu'elle s'est vu ôter des mains, de par un impôt indirect quelconque, ce sou aurait pu lui servir à acheter un peu de lait pour son enfant qui ne peut trouver en elle une nourriture suffisante ; *l'enfant se passera de ce sou de lait*, mais, par contre, une société choisie entendra, à la même heure, un opéra nouveau dont la mise en scène et la valeur des *artistes obligeraient à une trop grande élévation de prix des places, si l'Etat ne subventionnait un tel Etablissement.* Les riches sont trop *pauvres pour pouvoir payer leurs plaisirs*, et ce sont peut-être *les plus pauvres* en France qui leur *rendent possible l'accès de l'Opéra.* O moralité ! ô sagesse du Législateur ! où êtes-vous ? et que faites-vous ? Que l'imagination puisse raisonnablement faire de telles suppositions qui, si elles étaient faites par nos *malheureux riches*, gâteraient assurément leurs plaisirs, nous le croyons volontiers.

Nous n'essayerons pas de dissimuler notre manque d'habitude d'écrire, mais pour nous, signaler le but est tout. Après, des plumes savantes feront le reste, si elles le jugent à propos.

N'ayant pas l'honneur d'être connu du public, ou pour mieux dire, ne l'étant que très-peu, à raison d'une récente invention que nous avons eu la bonne fortune de voir prendre en considération par son Excellence M. le Ministre de la Guerre, nous croyons, puisque cette invention a trait à l'intérêt économique des armées en général, devoir en dire ici quelques mots, pour terminer cet avant-propos, voici pourquoi :

Ce que nous ambitionnons le plus, c'est d'être compté un jour, par nos contemporains, comme économiste, et si, aujourd'hui, nous en prenons déjà le titre, c'est que nous pensons qu'ayant pris cette qualification prématurément, elle nous obligera à chercher à la justifier de plus en plus.

En vue d'être utile aux armées, nous avions d'abord créé la cuisine en marche et individuelle, permettant de cuire les aliments à cheval comme à pied ; mais, d'après les observations des Officiers généraux, naturellement plus compétents que nous, et sur les indications des vrais besoins des armées en campagne, nous avons dû ensuite nous borner à perfectionner le système en usage, système qui offre cet inconvénient capital de ne pouvoir cuire sur le terrain par les temps de grandes pluies ou de grands vents. En effet, les pluies noient les feux et les vents les dispersent.

Alors, pour combattre ces inconvénients qui, en certains temps, devenaient un danger pour la santé des troupes, nous avons imaginé tout simplement de redresser la partie convexe de la marmite en usage, en y ménageant des bandes qui ont pour but de permettre l'homogénité par l'application des marmites les unes contre les autres, et ayant conservé la partie concave, en vue d'en faire l'application également les unes contre les autres, nous avons obtenu à l'aide de six à huit marmites ainsi accouplées, un appareil unique en apparence, possédant trois ou quatre cheminées d'appels, suivant le nombre de marmites accouplées.

Ces marmites sont en outre pourvues d'une voussure dans les fonds ordinairement plats, lesquelles voussures permettent, en les plaçant à cheval sur une rigole creusée dans le sol, d'avoir toujours un foyer SPACIEUX ET COUVERT, en forme de tunnel qui permet, à son tour, sur le terrain, de cuire les aliments *dans le même temps qu'il est possible de le faire sous la toiture d'un casernement*, soit en une heure et demie, deux heures au plus, en cas de presse, tandis que souvent, de l'aveu des officiers généraux eux-mêmes, *six heures se sont écoulées sans qu'il ait été possible de cuire la soupe sur le terrain*, et cela à cause de la pluie ou du vent.

Nous n'avons pas besoin d'insister sur ce que peut conjurer de souffrances et même de malheurs, un moyen aussi heureusement simple, et comme nous ne nous attachons pas précisément aux avantages que pourra trouver un Commandant en chef, du moment où les éléments ne lui feront plus obstacle (attendu que notre moyen, une fois généralisé, remettra les difficultés en équilibre), nous avons atteint le seul but que nous visions, celui de tâcher d'enlever de grandes souffrances à des masses énormes d'hommes qui étaient, jusqu'ici, privés d'aliments chauds, *alors que mouillés jusqu'aux os, ils en avaient le plus besoin*. De ce côté, nous croyons sincèrement avoir pleinement réussi.

Enfin, ce qui nous recommandera peut-être à l'indulgence du public, c'est que nous avons pu *ne pas faire payer ni aux soldats, ni au Gouvernement*, le bienfait de notre invention, attendu que la marmite dose la même quantité que l'ancienne pour un nombre d'hommes donné, qu'elle a les mêmes dimensions, *le même poids*, et possède la même force de métal, sans coûter *un sou de plus à l'Etat* que celles que fabriquait M. Alexis Godillot, lequel, du reste, par un accord que nous avons eu l'honneur de passer avec lui, est encore chargé aujourd'hui de la fabrication de ces nouvelles marmites.

En y réfléchissant de près, nous croyons qu'il est de notre devoir, du moment où nous parlons au public, de lui démontrer, le plus possible, que la nature de nos travaux n'a eu qu'un but, celui de l'intérêt général. Aussi est-ce à cause de ce but constamment poursuivi par nous, que nous avons cru pouvoir prendre le titre d'*Economiste*, titre toujours ridicule quand il n'est justifié par quelques études sérieuses, ou tout au moins, par quelques faits concluants à l'appui.

L'une des premières solutions économiques qui s'est offerte à nous, a trait au fonctionnement des Monts-de-Piété. C'est en voyant par tous les temps même les plus calamiteux, tels que guerre ou révolution, une *Reconnaissance* ou récépissé d'objets engagés à ces établissements faire prime sur le prêt par la vente du titre, qu'il nous a paru hors de bon sens *qu'une telle force soit perdue* du moment où l'on se croit obligé *d'emprunter des capitaux qui entraînent des intérêts à payer aux prêteurs*, pendant que la Banque de France présente, malgré les plus hautes garanties, moins de solidité dans ses agissements que les Monts-de-Piété en général, qui ont deux tiers de garantie matérielle en plus de l'argent prêté. Or, comme nous n'ignorons pas que ladite Banque de France a seule le droit de créer des billets, avec l'approbation de la Chambre, nous avons cru qu'il serait possible de l'autoriser à créer un capital supplémentaire qu'elle prêterait aux Monts-de-Piété, moyennant, par exemple, une commission de un demi pour cent par an, pour frais de fabrication de billets, et que ces prêts pourraient être garantis par les Municipalités respectives du pays ; de cette manière, les Monts-de-Piété qui, quoi qu'on en dise, sont utiles aux gens fiers qui ne veulent s'abaisser devant personne, pourraient diminuer d'au moins trois pour cent les frais qu'ils font payer et dont les moindres sont actuellement de neuf pour cent, intérêt compris.

C'est en vain que nous avons fait quelques démarches, en vue de faire étudier ce projet qui, pourtant, est très-simple à comprendre ; la ligne droite étant le chemin le plus court d'un point à un autre, pourquoi suivre une ligne courbe ?

En second lieu, nous avons résolu un problème d'une portée incalculable, car il ne s'agit de rien moins que du *moteur atlantique, au moyen du flux et du reflux de la mer.*

Les anciens comme les modernes ont bien cherché la solution de ce grand problème, qu'Archimède eût vite trouvée si on la lui eût demandée, pendant que tous ceux qui se sont occupés de cette grave question, n'ont vu de solution possible que par *l'utilisation directe du mouvement même de la marée,* ce qui est une erreur, un mirage ; en voici la preuve positive. On sait qu'un poids élevé est une force acquise, eh bien, l'élévation d'un flotteur par l'eau permet donc de soulever un poids considérable, en rapport avec ledit flotteur. Alors, ce poids qui aura mis cinq heures à monter, doit être *enclanché* au point voulu de l'élévation, afin de permettre à l'appareil qui a élevé le poids, de redescendre à vide, puis au moment où le flotteur touchera le sol à marée basse, le poids suspendu sera abandonné à sa propre pesanteur, pour remonter en équilibre un poids de quelques kilogrammes au moins, celui-là sur le terrain de l'usine. C'est ainsi que la *force changée de place* doit être mise en réserve pour agir au profit du mouvement des machines à faire fonctionner. C'était enfin une soustraction par différence de niveau, qu'il fallait faire en quelques minutes, en mettant le produit net de la force en *réserve,* pour servir pendant dix heures, temps nécessaire pour la recharge du moteur.

On a compris qu'un canal en zigzag, et dont le fond devrait être de niveau avec la marée basse, permettrait d'avoir toujours le calme, et qu'à droite et à gauche de ce canal, dans des bassins en dehors, mais toujours de niveau et en communication avec lui, les usines se grouperaient à l'infini, et, du moment où la marée commencerait à monter, le niveau s'établirait partout à la fois et rechargerait autant de moteurs que l'on voudrait. Ici encore, il ne fallait que suivre la ligne droite pour arriver à la solution véritable du problème ; tandis que la marée, dans son mouvement, *fait arriver à une neutralisation ; c'est pourquoi l'opération doit se faire en quelques minutes aux points extrêmes,* et produire alors, par différence et *transposition,* le résultat nécessaire pour travailler dix heures.

Par ce qui précède, et avec la ferme intention de tâcher à nous rendre utile le plus possible, le public jugera si nous avons été beaucoup trop loin en nous disant déjà : Économiste.   A. GERVAIS.

DU RECOUVREMENT DES IMPOTS

Les hommes en société ont dû forcément contracter l'amour de l'intérêt personnel, et celui qui n'aurait pas aujourd'hui contracté ce vice, selon les uns, cette vertu, selon les autres, serait incompris à notre époque plus qu'à toute autre encore.

Le législateur ancien a pu méconnaître ce fait qui, pourtant, dut être de tous les temps ; mais il est surtout incompréhensible que le législateur moderne ne se soit pas arrêté dans la voie mauvaise que lui avait tracée l'ancien ; attendu que l'homme, en société, ne paraît pas plus disposé à donner *gratuitement* une partie de ce qu'il possède que le chien ne le paraît à se laisser prendre l'os qu'il ronge.

C'est en méconnaissant une vérité si élémentaire que le législateur de notre époque a greffé impôts sur impôts, et du moment où les rigueurs du fisc font opérer à peu près les rentrées au Trésor, il paraît croire que tout est pour le mieux dans le meilleur des mondes possibles, ce qui serait une erreur profonde s'il le croyait vraiment.

De là lutte contre les intérêts particuliers qu'il soulève ; il n'y a pas trace de préoccupations ; mécontentements, souffrances, injustices, tout cela ne paraît avoir été compté par lui pour si peu que ça ne peut compter à nos yeux.

L'anomalie de *demander gratuitement* à quelqu'un une partie de ce qu'il a gagné, et même de ce qu'*il n'a pas gagné*, nous paraît manquer de bon sens, attendu que l'on demande souvent aux gens ce qui n'est pas même à eux, et cela avec un aplomb digne d'une meilleure cause, car nous ne pouvons nous figurer que le législateur actuel n'ait pas songé que tous les jours deux individus tiennent chacun une position semblable l'une à l'autre en apparence, mais très-dissemblable en réalité. L'un est le concurrent pauvre de l'autre ; il lutte très-péniblement contre son riche rival qui peut, à l'aide de capitaux abondants, et d'un crédit en rapport avec sa fortune, acheter ou produire aux meilleures conditions ; alors, il écrase de sa supériorité les efforts de toutes sortes que fait le concurrent malheureux, et l'impôt, sous toutes ses formes, lui vient en aide pour donner à ce rival malheureux *le coup du lapin*, comme on dit vulgairement. L'Etat, dans sa majestueuse grandeur, *heurte* ou *écrase* un malheureux qui, après des années de luttes, se voit empêché de continuer ses affaires ; alors, il peut redevoir *cent mille francs* à ses créanciers, sur lesquels 100,000 francs l'État a peut-être pris vingt mille francs, conséquemment, on a donc fait payer, à un malheureux, une somme qui n'était pas à lui, *en le rendant responsable devant la loi sur les faillites.* Si cela était juste, alors la justice ne serait plus pour nous qu'un mot sans portée morale. Pourtant, on dit que le principe des lois a pour but de soutenir la religion, la famille, la morale et la propriété ; nous ne nions pas l'intention ; quant aux faits, c'est autre chose, ils sont très-discutables.

Le juge dit souvent aussi, avec beaucoup de raison, au voleur émérite : « *Avec moitié moins d'intelligence que vous avez su appliquer au mal, vous vous seriez créé dans le monde une position honorable* » ; eh bien, sans faire de rapprochement, nous prenons la liberté de dire au législateur : *avec moitié moins de génie dans les lois que vous faites, et moitié plus de bon sens, on ne pourrait voir de pareils abus se produire, car leur production ne serait plus possible, par exemple, du moment où la faveur en droit prendrait la place de l'obligation, et que, dès lors, l'abus en connaissance de cause ne serait plus possible que du côté du gouvernement.*

Si on examine deux impôts récemment créés, les *timbres-quittances* et le *droit sur les allumettes*, on reste confondu en pensant que le législateur ait pu s'y déterminer, parce que le timbre-quittance, qui frappe au-dessus de 10 francs, permet de faire deux quittances pour 20 francs et trois pour 30 francs. Or, deux factures supplémentaires ne coûtant pas 10 centimes, il y a donc encore bénéfice. Mais si ceci est du domaine de la fraude, et on voit qu'elle est facile à faire, et que l'application ne saurait répondre au but visé, on va voir où la loi présente une injustice criante dans ses conséquences. C'est vis-à-vis de la petite location relative à la classe ouvrière, dont nous voulons parler.

En effet, les propriétaires, en général, font payer aux ouvriers le timbre de la quittance de chaque terme, cela ne pourrait se faire dans le commerce, mais le propriétaire prend l'argent, puis demande 10 centimes pour le timbre de la quittance, sinon *pas de quittance.*

On objectera à ce qui précède *qu'il n'y a qu'à faire valoir ses droits,* oui, on peut faire valoir ses droits, mais personne n'est assez mesquin et en même temps assez inintelligent pour le faire ; car le temps, c'est de l'argent, surtout pour l'ouvrier, et dans le cas cité, il en perdrait toujours pour plus de 10 centimes. Donc, ici, l'intérêt exige encore de payer. Eh bien ! est-ce là le but visé ? Non, assurément. En attendant, le petit paie et paie toujours, et comme le législateur voit l'équilibre à peu près établi entre les recettes et les dépenses, il se frotte les mains, en disant : « Allons, ça va, ça va, nous avons eu de la peine, mais enfin ça y est tout de même. »

Quant à ce qui concerne l'impôt sur les allumettes, nous voyons chaque jour l'intelligence industrielle en France essayer, et même réussir à créer des briquets commodes et légers à l'usage des fumeurs qui sont les plus grands consommateurs d'allumettes ; et aussi des lampes très-bien combinées pour le service des établissements publics, lesquelles lampes permettent de n'employer que des petites bûches de bois qui ne peuvent avoir le nom d'allumettes, du moment où l'on ne peut les allumer au moyen de la friction.

Soyons de bonne foi, si les *filets* que fabrique le législateur n'avaient pas les mailles si mal faites, l'abus ne viendrait pas aussitôt se placer en regard de la loi nouvelle. On a dit avec raison : « Le vrai seul est beau, le vrai seul est aimable, » alors, si le vrai est seul beau, c'est parce qu'il est vrai, et du moment où un impôt serait vrai, il serait aimable également, mais il faut pour cela que l'abus ne puisse s'y faire jour, et de plus, pour cela encore, il faut que l'impôt touche juste, très-juste même. Eh bien ! pour atteindre ce double but, il n'y a que la *Faculté* qui le puisse permettre. Il faut, non *forcer* à donner, mais *obliger à cause de l'intérêt à apporter au Trésor. Tout est là.* Quant aux impôts, ils s'en iraient d'où ils viennent.

c'est-à-dire du néant, comme un moyen usé, et on verrait la frontière débarrassée des entraves qu'elle possède sous la forme et le nom de Douane, une taxe uniforme demanderait une somme égale *à chaque résident, sans distinction d'âges ni de sexes,* parce que l'obligation serait devenue *une faveur,* et que du moment où il y aurait faveur, *il serait juste que tout être en profitât au même degré.*

Ainsi, pour bien préciser notre idée, M. le baron de Rothschild, personnellement, ne compterait que pour un contribuable, comme l'enfant à la mamelle du plus pauvre résident, et il n'aurait, de par l'Etat, que le droit de payer sa cote individuelle, et autant pour chaque membre de sa famille; mais donnât-il sa fortune entière, l'Etat ne pourrait lui donner officiellement en retour le droit de payer une cote en plus, parce que ce serait, en principe, *un abus de faveur,* que seul l'État pourrait commettre, mais qu'il ne commettrait pas, parce que la moralité est plus certaine chez un être multiple que chez un être individuel. C'est pourquoi (on le comprend par ce qui précède) l'abus qui est possible toujours de la part du particulier, ne serait plus à craindre quand, par inversion, il ne pourrait plus venir que du Gouvernement.

Alors disparaîtraient les délits de fraude envers l'État, délits qui dégénèrent quelquefois en crimes, comme cela arrive pour la contrebande. *L'impôt détruit, ferait place à une taxe égalitaire et personnelle pour tout être résidant dans le Pays;* alors, la propriété, l'agriculture, le commerce, l'industrie et la navigation *deviendraient aussitôt libres dans toutes les transactions possibles,* car il n'y aurait plus de charges pesant sur les produits ou les ventes, conséquemment, il y aurait une amélioration générale sur toutes les affaires possibles; en un mot, *l'impôt, ou ce qui le remplacerait, serait une affaire, comme toutes les affaires, qui offrirait des chances de gains ou de pertes.*

<hr>

PRATIQUE DU SYSTÈME

La nature, cette institutrice admirable, nous démontre que la fécondation de la terre est, en grande partie, produite par des pluies fertilisantes, et que celles-ci ont été absorbées de la terre par les rayons solaires, sous forme de vapeur qui, refroidie à une certaine élévation, nous revient en pluie. Alors, on voit tantôt une contrée tantôt une autre, profiter de ces ondées bienfaisantes dues à la puissance du soleil. C'est de cette image si simplement naturelle qui, pour beaucoup, révèle la main du Créateur, que nous nous sommes inspiré pour faire agir le mécanisme de ce qui, selon nous, est appelé à remplacer l'impôt tel qu'il a été compris jusqu'ici. C'est en pensant que l'État d'un pays pourrait faire, au figuré, ce que fait le soleil dans l'ordre naturel, c'est-à-dire absorber un chiffre convenu de finances en plus de ses besoins, chaque année, afin de laisser ensuite retomber sur la société d'un pays le surplus des dépenses, comme *une pluie d'or fertilisante,* alors serait ouvert le champ aux espérances d'abord, et à la valeur industrielle ensuite, quand une grande partie de ces espérances seraient devenues *réalité.*

La morale de notre système vise ce but, juste s'il en fut jamais : *Arriver à dé-grever absolument le vrai pauvre de tous impôts, sans pour cela assujettir les moins pauvres et les riches à payer la différence, autrement que de leur bonne volonté.*

Pour atteindre le but que nous nous sommes proposé, il n'y a qu'un moyen, un seul, offrir un avantage considérable *dont ne pourrait jouir celui qui ne paierait pas :* conséquemment, puisque *l'obligation serait changée en faveur pour le payant,* pour être juste, il conviendrait *de ne préjuger d'aucun être si petit qu'il fût.*

C'est pourquoi, sans distinction d'âge ni de sexe, tout résident aurait *droit à re-cevoir sa cote personnelle* et nominative que nous fixons, par exemple, à *100 francs,* ce qui ferait dans le cas (*à supposer 36 millions de résidents en France*) un revenu annuel de 3 milliards 600 millions; suivant nous, *chacun aurait droit officiellement à la faculté de payer,* après l'obtention dudit droit, les intérêts particuliers se frotteraient entre eux, le rôle de l'État aurait pris fin.

Si, par exemple, les besoins de l'Etat sont de deux milliards (*nous n'avons pas con-naissance du chiffre exactement nécessaire*), il resterait alors le chiffre de 1 milliard 600 millions à restituer au pays. Cette restitution aurait lieu, au moyen d'un tirage au sort qui aurait au moins ceci d'heureux, c'est que jusqu'ici (à part le tirage des obligations de la ville de Paris), il n'a été usagé en France que pour pratiquer *l'impôt du sang,* c'est-à-dire désigner ceux d'entre les citoyens les plus virils de la nation qui auraient la faveur d'aller se faire tuer à la première réquisition, quand la nouvelle mission du tirage au sort aurait pour effet de *réjouir dans le pays.*

Notre moyen de répartition qui serait moral et religieux tout à la fois, du moment où l'égalité devant la fortune serait garantie par la voie du sort, sans non plus em-pêcher les gens de croire, en cas de chance, que Dieu a voulu les récompenser ici-bas de leur bonne conduite, et surtout de leur foi sincère; notre moyen, disons-nous, serait encore une bonne et utile compensation, si on peut le penser, des maux dont le tirage au sort n'a été jusqu'ici que l'agent inconscient.

Ce tirage-là ne fera jamais verser de larmes amères; au contraire, il produirait des joies incalculables dans le pays, sans empêcher l'espérance de chacun de sub-sister à l'égard du tirage suivant qui reviendrait chaque année.

Cette répartition colossale serait pour l'Etat un LEVIER IMMENSE, qui lui permet-trait de réaliser nos idées pour atteindre le but indiqué précédemment, qui est de faire payer à qui le peut et surtout le *veut,* pour celui qui le veut, mais *ne le peut.* Alors, on verrait l'argent naturellement sortir d'où il est, pour acheter *aux vrais pauvres, ceux-là,* des numéros, c'est-à-dire des bulletins de cote personnelle *qui seraient pourvus de numéros.* Cette transaction pourrait se faire par voie d'endosse-ment; et comme ces bulletins feraient prime dès le début, on aurait la satisfaction de pouvoir penser que les vrais pauvres, les vendeurs, non-seulement vivraient toujours, en attendant, sans payer aucuns impôts indirects, comme ils doivent le faire aujourd'hui, ce qui déjà améliorerait sérieusement leur sort, mais de plus, qu'ils pourraient très-rapidement arriver à un moment où les primes seraient assez riches pour leur permettre de ne vendre qu'une partie, s'il s'agit d'une famille quelque peu nombreuse, afin de pouvoir conserver l'autre partie *en payant eux-mêmes pour cela.*

C'est ainsi que le pauvre, une fois affranchi d'impôts, *chercherait de lui-même à en payer*, en voulant se servir de son droit officiel aux chances de fortunes nationales, le père ou la mère agirait pour les mineurs, et à défaut de ceux-ci, les tuteurs les remplaceraient.

Maintenant, que ces bulletins fassent prime, cela ne saurait faire un doute, et nous estimons qu'il ne se passerait pas dix années d'un exercice comme le veut notre moyen de restitution annuelle, sans que cette prime ne s'élève au moins à la valeur même de la somme à payer au Trésor, soit 100 francs par chaque cote personnelle; il en serait ainsi, parce que, chaque année, les gagnants d'abord, et les proches des gagnants, parents et amis ensuite, rechercheraient avidement ces chances considérables de fortune, et que d'année en année, le nombre des gagnants augmentant toujours dans une proportion considérable, il y aurait une plus grande concurrence à l'achat, quand, de l'autre côté, les vendeurs seraient de moins en moins disposés à se dessaisir de leur droit; car l'expérience leur donnerait d'amers regrets, au fur et à mesure *qu'ils verraient leurs numéros sortir aux profits de leurs acheteurs.*

Ce moyen de remplacer les impôts actuels relèverait encore le prestige des grandes familles, attendu que l'on verrait souvent le dernier né sur un grand nombre d'enfants, apporter avec lui, en naissant, la fortune à ses parents; alors, ce regard de commisération ironique que donnent ceux *qui ne veulent pas d'enfants à ceux qui ont beaucoup*, disparaîtrait à tout jamais, car ceux-là qui peuvent *se féliciter* aujourd'hui de ne point avoir d'enfants, seraient les premiers peut-être à regretter de n'en point avoir, et l'abus, dans tous cas, ne saurait venir que de ce côté, c'est que des gens se donneraient des enfants qu'ils n'ont pas ou qu'ils n'ont plus, afin d'augmenter leur chance personnelle; mais un tel abus, qui devrait être réprimé, ne prouverait que la haute valeur du système, au lieu d'en prouver, comme cela arrive aujourd'hui, la non-valeur.

Notre moyen de répartition affecte, en apparence, mais en apparence seulement, le caractère de la loterie que l'on a abolie avec raison en France, mais celui qui voudra réfléchir sérieusement au principe qui fait la base du système que nous offrons, reconnaîtra que la loterie n'existe pas ici. L'État laisse consommer les alcools, il n'en ordonne pas la consommation, mais il a soin de les frapper d'un droit qui tourne à son profit, dès que cette consommation a lieu, et c'est ainsi qu'il profite même sur l'excès de cette consommation, *défendu par la loi sur l'ivresse.*

Nous ne demandons, par conséquent, que de permettre de laisser faire comme on laisse faire ceux qui veulent abuser des alcools, comme on laisse fabriquer des couteaux et des revolvers qui servent pourtant par-ci par-là à tuer de braves gens. L'État, lui, ne devrait comprendre qu'une chose, c'est que si tous ceux qui résident en France avaient (*tout est possible en suppositions*), avaient, disons-nous, un âge égal et une position identique, il serait juste qu'ils payassent une même somme chacun; alors, partant de cette égalité idéale, l'État imposerait tout être humain résidant dans le pays, en n'entravant point la liberté d'agir de chacun, pas plus qu'il ne le fait aujourd'hui envers ceux qui veulent consommer plus ou moins les alcools sous formes de liqueurs, il ne verrait ou ne devrait voir qu'une chose, que l'argent des cotes personnelles étant rentré, *c'est que chaque titulaire a payé*; le reste ne le regarderait pas, et le tirage fait par ses soins serait fait *au profit possible pour chaque individu imposé.*

Il est aisé de comprendre que la liberté d'agir étant donnée, les appétits de fortune rallierait les individus vers un but commun, la fortune en espérance, et que celui qui gagne beaucoup d'argent, et qui, par conséquent, peut et doit être plus disposé à dépenser que tout autre, pourrait être très-utile dans l'ordre économique qui nous occupe, puisque pour agir en dehors de son droit officiel, *il lui faudrait rechercher, pour les soulager malgré lui, les malheureux du pays.* Or, une telle moralité, s'offrant comme résultat final, ne vaut-elle pas la peine de supporter quelques inconvénients de détails ? Ainsi, pour voir les membres d'une nation *n'être point forcés* d'abord, puis ensuite pour voir les membres les plus pauvres de cette même nation *exempts de tous impôts (si la pierre de touche sous forme de fortunes à gagner ne les peut faire sortir de leur impuissance),* on reculerait contre des idées erronées ou des préjugés sans grande valeur; franchement, il devrait être permis alors de douter de l'esprit de charité chez le législateur, et ici, ce n'est plus une charité évangélique, très-respectable sans doute, mais souvent trop nuageuse, qu'il s'agit de faire, mais une charité positive qui tendrait à faire *de la chair et du sang,* en augmentant la ration de pain et de viande à celui qui en a besoin, par la suppression des impôts indirects. Enfin, c'est en pratiquant une pareille charité que tous les hommes de cœur d'un pays pourraient se dire avec satisfaction : « Si notre société ne vient pas assez en aide à la pauvre veuve chargée de famille, du moins la savons-nous maintenant *exempte de tous impôts indirects qui rognaient le pain et le lait à ces pauvres et chers petits enfants,* et si nous allons à l'Opéra, nous ne pourrons plus penser que nous jouissons à l'aide des privations imposées aux petits enfants pauvres. Eh bien! nous défions l'homme le plus sceptique de ne pas se sentir remué, à la pensée d'un tel résultat possible, *et il l'est.*

Le tirage au sort qui nous occupe a pris chez nous des degrés de noblesse, car il a depuis longtemps, toujours été appelé à désigner les Français qui doivent, au besoin, mourir pour l'honneur du pays; on peut bien maintenant le laisser fonctionner pour achever de faire vivre libres tous les individus et exempter d'impôts les vrais malheureux, quand il ferait, par-dessus le marché, des heureux et des riches, et enfin *débarrasserait de toutes entraves le commerce, l'industrie, l'agriculture, la navigation et la propriété,* résultat incalculable dans sa portée économique.

Nous comprenons que les imaginations se troublent un moment à la pensée d'un tel bouleversement dans les idées reçues et acceptées depuis longtemps, mais nous ne comprendrions pas qu'après un examen attentif du bon et du mauvais de notre moyen, on ne se décidât pas en sa faveur, à cause de cela seulement, que le moyen serait *trop radical.* De deux choses l'une, ou il présente des avantages de toutes sortes que nous y voyons sans autre abus possible que celui précité, abus qui viendrait encore à l'actif du système, s'il se produisait, ou bien le mauvais côté l'emporte, alors il serait juste, non-seulement de le dire, mais *de le prouver.* Malgré tous nos raisonnements à l'appui du système devant servir à remplacer l'impôt, nous savons bien qu'en France on goûte médiocrement ces changements subits d'allures, et nous avouons franchement que celui qui voudra nous contredire aura beau jeu à le faire, du moment où il ne tiendra pas compte des faiblesses du cœur humain; celui qui ne connaît pas les hommes ou voudra faire semblant de les ignorer, dira tout simplement : « La faculté ici est un rêve, car elle sera toujours pour l'abstention, » ce que n'aurait certainement pas dit Balzac, lui qui connaissait si bien le cœur humain.

C'est, du reste, parce que nous croyons aussi un peu (bien peu à côté de Balzac), connaître les hommes, que nous nous sommes laissé entraîner dans les combinaisons qui font l'objet de cet opuscule, attendu que tout nous démontre qu'aujourd'hui, les hommes ont fait de leur intérêt personnel, et cela, à très-peu d'exceptions près, la science de la vie.

CONSIDÉRATIONS DIVERSES

Il est constant que, depuis longtemps, on est à la recherche d'un mode d'impôt capable de satisfaire à peu près tout le monde, mais ce n'est pas l'impôt sur le revenu, ni même l'impôt sur le capital, qui sont capables d'offrir cette satisfaction générale. On a parlé aussi, et nous ne le citons que pour mémoire, d'un impôt sur le luxe, ou sorte d'impôt somptuaire, qui offrirait (*celui-là*) pour premier inconvénient, de tuer raide les industries de luxe. Du reste, les impôts sur les billards, les voitures, les pianos et autres, ne sont pas faits pour favoriser ces industries, et il fallait être pris de bien court, pour employer de pareils moyens qui ne supportent même pas l'examen. En attendant, presque tous les moyens proposés, à titre de réforme, ont l'immense désavantage d'être vexatoires au premier degré, ce qui fait qu'un pareil inconvénient ne permet pas à des gens, soucieux de la dignité d'autrui comme de la leur propre, de réfléchir sérieusement à de tels projets. Nous nous disons, nous autres Français, à la tête de la civilisation, c'est possible, mais il ne faut pas pour nous, croire qu'à l'Etranger on examine attentivement le fonctionnement de nos Impôts.

.... Incessamment menacés par des commandements qui se résument par des frais, nous avons l'air d'enfants à l'école que l'on menace d'abord, et que l'on punit ensuite quand ils refusent d'obéir, avec cette différence que l'enfant n'a généralement qu'à vouloir, tandis que le commerçant ou l'industriel est souvent empêché, ce qui fait une grande différence, *on en conviendra*. Mais nous l'avons dit d'autre part, sur ce point, le législateur a agi carrément, il a mis l'autorité à son aide, ce qui fait souvent un vilain gâchis dans les positions industrielles, commerciales et autres; n'importe, il faut que force reste à la loi, seulement pour nous, nous n'approuvons cette sentence, autant que la loi ne demande qu'une chose, qu'il est facultatif ou possible de faire, comme d'être bon père de famille, bon fils, bon époux, bon et honnête citoyen, respectant le bien d'autrui, etc., etc. Mais pour donner de l'argent que l'on ne doit *que par la force d'une loi*, ça nous paraît un peu trop raide, comme dirait un écrivain de grand renom. Comment, un homme est placé entre une femme et des enfants malades ou bien des parents âgés à sa charge, ou bien encore des créanciers auxquels il doit l'argent qu'il possède, et on veut que cet homme *coure porter son argent au percepteur qui lui savonnera la tête par-dessus le marché, s'il est encore en retard*, oh ! oh ! mais le législateur qui, le premier, a trouvé un pareil système d'impôt, aurait dû refaire les hommes pour aller avec son système, car il tenterait de faire remonter un fleuve à sa source qu'il ne serait pas moins déraisonnable à nos yeux que de vouloir imposer les hommes en masse, *en se fiant à l'apparence seulement*, attendu et nous l'avons déjà dit, que tel individu fait un commerce de....... avec un fonds de roulement considérable, pour celui-là, *il se rit de l'impôt*, tandis que celui qui a plus d'intelligence que de fortune, parce qu'il a, en apparence, une position égale au premier, doit gémir, souffrir, ou même périr (*commercialement parlant*). Ah! la belle avance! il est en faillite, et le propriétaire, qui est responsable de l'impôt, est lui-même privilégié, de sorte que d'innocents créanciers sont victimes de cet enchaînement si malheureux, qu'il n'enchaîne toujours que trop ou trop peu, mais bien rarement juste.

Quoique bien petit et bien inconnu de nos concitoyens, nous n'hésitons pas à dire bien fort et bien haut : les impôts sont injustes presque toujours, iniques très-souvent, et surtout inconséquents avec l'esprit de progrès, de civilisation et de morale dont nous nous prétendons animés. Or, comme il n'est pas humainement possible d'entrer dans toutes les positions, de considérer justement laquelle de deux positions semblables devrait être épargnée en tout ou en partie, pendant que l'autre serait fortement et justement frappée ; alors, il n'y a plus de juste, de vrai et de pratique *que la volonté de chacun ralliée vers un objectif commun*. De cette manière, chaque individu agit suivant *ses facultés*, et comme *l'intérêt personnel est le plus puissant levier qui puisse faire bouger et l'homme d'abord et son argent ensuite, alors l'homme agirait dans le sens du mouvement nécessaire à la vie d'un État*; hors ça, on ne peut rien espérer de vraiment juste et de durable. On ne peut faire que ce qui se fait aujourd'hui, de l'arbitraire par crainte de la force, la forme variera, seulement le fond sera toujours le même : un abus de pouvoir, c'est-à-dire de l'injustice.

On ferait un gros volume, si on voulait mettre en relief les injustices auxquelles donne lieu notre mode actuel d'impôt, du reste, chacun sait que celui qui aurait cent mille francs de rentes en actions, ne paierait point d'impôt direct, s'il voulait se contenter d'un logement au-dessous de quatre cents francs par an; or, celui-là qui serait assez intéressé, ou assez détaché des biens de ce monde pour ne point vouloir en jouir davantage, ne serait certainement pas aussi dépensier qu'un ouvrier, et qu'ainsi il ne rapporterait pas au trésor la somme d'impôts indirects que rapporte un travailleur ; mais, nous dira-t-on, vous forgez des exceptions pour les besoins de votre cause......, Non, ce ne sont pas des exceptions, il se trouve de ces gens plus ou moins riches et qui, très-intéressés et en même temps ayant peu de besoins, parce qu'ils ne sont pas nés dans l'opulence, craignent de voir leur fortune s'évanouir comme un rêve, ils en sont alors très-ménagers, tant elle leur semble fragile. Ainsi, nous connaissons très-intimement un homme qui a fait sa fortune dans l'industrie, il possède aujourd'hui 140 *mille francs* en titres, et ne paie que 500 *francs* de location à Belleville où il demeure (voilà une *injustice* entre mille) ; mais qu'un malheureux barbier ouvre la plus petite boutique sur rue, le voilà aussitôt imposé, sans que l'on s'inquiète si la clientèle lui arrive. Notre barbier a dû faire un petit bail et payer six mois d'avance, et une fois cela fait, si la clientèle ne vient pas, il subit alors les conséquences de son entreprise malheureuse; jusque-là tout est naturel, mais ce qui ne l'est pas, c'est que l'État qui doit aide et protection à tous, et qui invite, sur les passe-ports qu'il délivre, les autorités civiles et militaires des pays étrangers à vous accorder la même protection que porte son étiquette, fait le contraire de ce qui est écrit dans la constitution, du moment où il fait payer forcément à l'industriel supposé ici en exemple, *ce qu'il ne gagne pas*. Un barbier ne saurait avoir beaucoup de créanciers, il réussit ou il ne réussit pas ; s'il réussit, tout va bien, mais s'il ne réussit pas, il a perdu ses petites économies et on lui arrachera son dernier *sou* pour le consoler d'avoir fait un calcul chimérique ; le voilà *protégé* on pourrait même dire qu'il l'est trop, dans le sens supposé, car il préférerait qu'on l'oubliât un peu plus.

Voici encore un exemple qui n'est pas une fiction, celui-là. Un de nos amis est représentant d'une maison considérable de l'étranger, et comme il y a pour le genre d'affaires de la maison étrangère de vastes magasins et bureaux, notre ami, qui était commissionnaire en marchandises, a gardé de ses anciennes relations celles qui sont les plus éloignées, comme les Indes, la Chine, la Cochinchine, etc., etc. Cette commission lointaine rapporte beaucoup, car tous les commissionnaires ne peuvent la faire à cause des capitaux considérables qu'elle exige, tandis qu'il y a foule pour la commission Européenne, eh bien ! notre ami se fait de 30 à 40 mille francs par an personnellement, en faisant valoir lui-même ses capitaux dans les affaires, et ceci sans préjudice de 20 ou 25 mille francs que lui rapporte la représentation qui lui est confiée, et pour tout cela, il paye comme un homme qui occupe un appartement confortable, rien de plus, pour celui-là, il est vraiment *protégé par les lois*, aussi, il ne s'en plaint pas, nous pouvons le certifier. Enfin, les employés à gros traitements ne payent qu'en raison de leur location, et si, pour terminer cet aperçu des abus possibles, nous nous citons nous-même en exemple, c'est pour prouver qu'ils se multiplient à l'infini et sous toutes les formes, car, si grâce à notre brevet dont nous avons cédé une licence, pour la fabrication militaire, à l'honorable maison Godillot, nous gagnions quelque argent ; nous ne le verrions point grevé d'aucun impôt. Mais, dira-t-on, la maison considérable que vous citez paye dans une grande proportion, et par conséquent, l'article fabriqué aurait supporté sa part d'impôt ; oui, cela est vrai, répondrions-nous, *mais si nous devions faire fortune de ce côté, nous la ferions toujours sans le plus petit impôt direct.*

On peut résumer ce qui précède en ceci, qu'une foule de gens en état de mauvaises affaires, paient injustement et indûment, tandis qu'une autre foule peut payer, en riant, ce qu'on lui demande, si elle proportionné, cette foule, ce qu'elle paie, elle riche et prospère, à côté de l'autre foule aux abois. Voilà bien la question posée comme nous la comprenons. La faute de la loi est dans le caractère *de l'obligation de payer*, car elle fait faire absolument, dans l'usage, ce que ferait, dans un autre ordre d'idées, un ministre de la justice qui dirait à une foule : « *Il y a parmi vous quelques assassins, comme nous ne les connaissons pas personnellement, alors on vous suppose tous capables de l'être, c'est pourquoi on va tirer dans le tas, c'est à la chance pour vous. Les heureux, ceux qui seront épargnés, se féliciteront, quant aux autres, ils seront convaincus que la justice ne pouvait être exercée plus justement pour l'ensemble.* » Voilà, à peu près, comment on oblige un ministère des finances à réclamer les impôts à des hommes libres.

SIDÉRATIONS GÉNÉRALES POLITICO-ECONOMIQUES

i l'on réfléchit bien attentivement à toute la portée du moyen que nous avons tenté d'expliquer, on reste frappé des conséquences favorables qui jailliraient sur les éléments vitaux et sur le moral de la première nation qui oserait le mettre en pratique, car, du moment où l'initiative serait prise, il y aurait, en quelque sorte, une rupture de l'équilibre commercial et industriel qui ferait pencher le plateau de la balance du côté du pays novateur. Pour bien comprendre cela, on n'a qu'à se figurer dans quelles conditions exceptionnellement favorables serait un pays qui se verrait tout à coup dégrevé de tous les impôts à la fois, et qui n'aurait plus, par conséquent, à faire peser sur ses produits une augmentation qui aurait disparu, et qui, à l'heure présente, enveloppe la production sous toutes ses formes.

Le pays assez progressiste pour oser un système comme le nôtre, acquerrait d'abord et d'un seul coup, un immense avantage qu'il ne perdrait ensuite que peu à peu, c'est-à-dire au fur et à mesure que le système se généraliserait chez les autres nations. Mais si tous les peuples sont intéressés, ils ne sont pas tous aptes à comprendre, et il y en aurait dont les gouvernements plus ou moins autocratiques, se refuseraient peut-être à accepter une combinaison aussi vaste dans sa mise en mouvement. Quoi qu'il en soit, il y aurait toujours de ce côté un avantage énorme pour de longues années.

Ensuite, que l'on juge de l'élan que donnerait aux affaires en général un dégrèvement subit d'impôt, élan qui serait encore soutenu par le fonctionnement du système même, c'est-à-dire par la répartition, au moyen du sort, de sommes colossales qui viendraient soutenir la puissance générale, tout en soulevant, dans une proportion sans précédent, la puissance et l'initiative individuelle, la fécondation que produirait cette pluie d'or qui s'abattrait à droite ou à gauche, devant ou derrière, au gré du hasard, suivant les uns, et de Dieu, suivant les autres, serait incalculable, et, hasard ou Providence, les faits n'en seraient pas moins là, car on devrait chercher à atteindre, avec le gain, le plus grand nombre d'êtres possible, afin d'imiter en société et à son profit les bienfaits des canaux d'irrigation si estimés en agriculture.

Enfin, cette sourde envie que le pauvre porte aux riches, envie qui tourne si facilement en haine et quelquefois en crime, aurait une bonne raison pour n'être plus soutenue, puisque le pauvre verrait que le riche lui est directement utile en payant pour lui des charges qu'il ne peut acquitter et, qu'en attendant, il vit exempt de tous impôts; et si, jaloux de ses droits aux chances de fortune nationale, il reprochait au riche d'avoir gagné une seconde fortune en lui achetant son droit, la conséquence rigoureuse ici est qu'il devrait faire des efforts extraordinaires pour être en mesure de ne pas vendre l'année suivante. Donc, de ce côté encore, est une double moralité, en ce que l'homme aurait un objectif qui pourrait l'empêcher de tomber, ou lui permettrait de se relever s'il l'était, puis moralité encore, *en ce que l'homme viserait à payer sa part de la charge sociale, ce qui est juste, dès qu'il le peut.*

Nous ne saurions trop le répéter, que le penseur, que celui qui aime son pays y songe, les avantages sont partout avec notre moyen puisque les désavantages actuels sont écartés du premier au dernier.

Paris. — Typographie N. Blanpain, 7, rue Jeanne.